Des mo... les p...

de Georges Cathalo
illustré par Hervé Blondon

Mitonner

Arrachez quelques herbes folles
sur les tempes des collines
prélevez une poignée de neige
aux épaules des montagnes
saupoudrez quelques pétales
de fleurs de nuit de fleurs de jour
mélangez les ingrédients
vous obtiendrez assurément
le paysage de vos rêves.

3

Pousser

Sur le mur d'un couloir
de petites marques au crayon
à chaque fois un peu plus haut
voir si l'on a grandi
parfois l'on triche un peu
en gardant ses souliers
en soulevant ses talons.

Attacher

Le chien est là
depuis déjà longtemps
son haleine tiède couvre la vitrine
d'une épaisse buée chaude
qu'il lèche tristement
avant de souffler à nouveau
un chien attend son maître
qui l'a attaché là devant le magasin
dans lequel il fit semblant d'entrer.

7

Déranger

N'approchez pas du feu qui dort
il risquerait de vous mordre
ne réveillez pas les nuages
ils risqueraient de vous croquer
ne provoquez pas les murailles
elles risqueraient de vous pousser
quant aux clous tordus des regrets
laissez-les rouiller en silence.

Ressembler

10

Dans tes yeux quand tu souris
il y a toutes les ressemblances
les pères les mères et les ancêtres
ce sont des yeux qui brillent
ce sont des yeux qui brouillent
les avenirs et les passés
des yeux qui tournent autour du temps
et qui retournent à leur lumière.

Égarer

12 Où se cachent les souvenirs
nous les cherchons depuis si longtemps
ils se seront sûrement égarés
dans quelque chemin de traverse
on les attend ici ils sont là
ce sont de grands enfants
qui voudraient tant que nous jouions
avec eux au fond des miroirs.

Compliquer

Tu as sûrement raison
les grandes personnes
sont vraiment très compliquées
elles s'isolent dans leurs secrets
quand tu voudrais les entendre
elles crient dans tes oreilles
quand tu voudrais du silence
et tu dois toujours t'excuser
ou de te taire ou de parler.

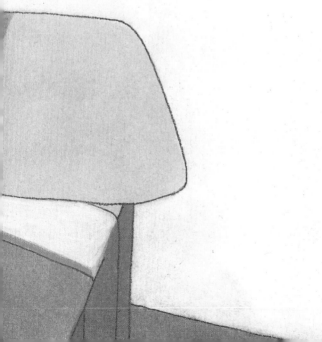

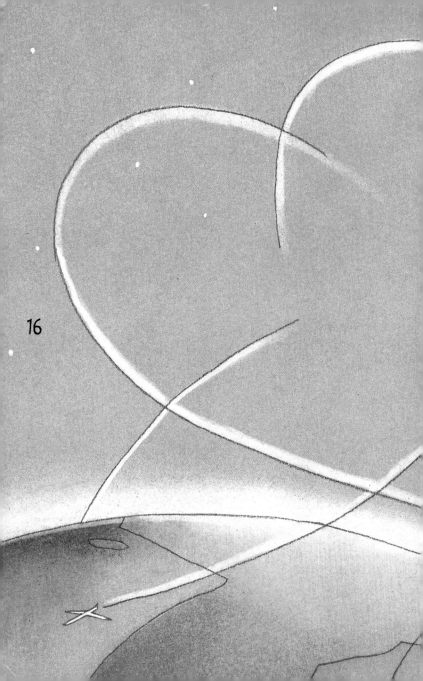

16

Échanger

Au loin dans un ciel de nacre
celui-là s'envole en silence
celui-ci atterrit sans bruit
mais tous brillent de mille feux
ce sont avions et long-courriers
échangeurs de capitales
relieurs de villes et de ports
qui tissent des fils invisibles
autour des mers et des continents.

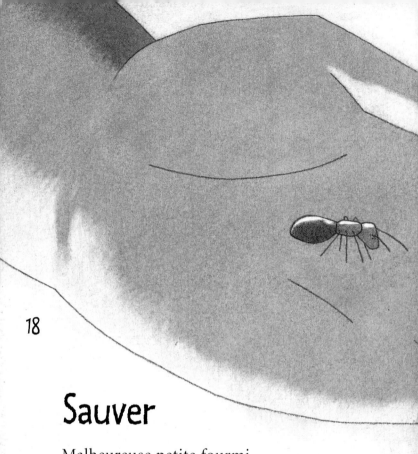

Sauver

Malheureuse petite fourmi
affolée au creux de ta paume
mais ravie d'être sauvée
puisqu'elle retrouve sa liberté
sur un brin d'herbe
de l'aube au crépuscule
dans la farandole du vent
qui disperse les petits bonheurs.

Répéter

On te le dit te le répète
ce sont de drôles de mots
qui ne doivent sortir de ta bouche
sûrement que tu les connais
à eux tu repenses souvent
tu les astiques tu les prépares
pour qu'ils montent à tes lèvres
en attendant de les réveiller
tu t'assures qu'ils dorment
à lettres verrouillées.

Blesser

En ces temps de chiens et de loups

de moutons et d'autruches
difficile d'être quelqu'un
qui ne soit ni ange ni bête
même si tout porte à croire
qu'il y a moins bête que nous
qui tuons blessons torturons
sans que cela nous indispose.

Défiler

Accoudés au parapet moussu
  du château des nuages
    nous regardons défiler
      les rêves et les cauchemars
      il en faudrait bien plus
        pour nous faire trembler
          ou pour détruire nos remparts
            nos citadelles imprenables
              et les châteaux forts de nos cœurs.

25

Rencontrer

N'ayez pas peur du poète
il roule sa bosse en cachette
fouillant nuages et bosquets
brouillant cartes et calendriers
il suit son traintrain bien tranquille
ramasse des mots usagés
cueille des poussières d'étoiles
et quand on croit le rencontrer
il a disparu pour toujours.

Apaiser

Ni lune ni soleil
ne peuvent apaiser ton chagrin
pas plus que les étoiles filantes
quand assis sur l'escalier
tu rumines ta vengeance
et que tu te sers enfin
de ton pouvoir magique
pour transformer les méchants
en de vilains crapauds baveux.

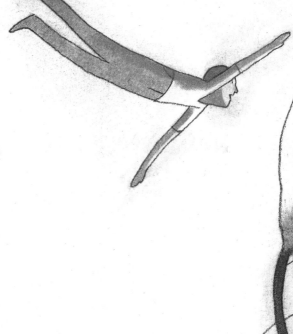

Regarder

Si tu regardes vraiment tu verras
que les fenêtres s'envolent
que les chemins marchent à cloche-pied
que la terre fait des vagues
et que la mer se couvre d'arbres
à demi-mot à mots couverts
tu entendras les couleurs chuchoter
pour accorder un arc-en-ciel
à la nuit qui n'en voit jamais.

Conserver

Les secrets comme les poèmes
sont des fantômes lourds à porter
on ne sait jamais où les mettre
ils s'éteignent ou bien ils pétillent
et l'on n'ose pas en parler
on se les garde pour soi seul
au creux d'un livre ou d'un cahier
au fond d'un tiroir oublié
là où personne ne met le nez.

Observer

Enfin est-ce bien raisonnable
de vouloir tout savoir
tout connaître sur tout
jusqu'au moindre détail
de l'éclair à peine entrevu
à la planète qui nous porte
depuis des millions d'années
est-ce vraiment bien raisonnable ?

Délirer

Une horloge vagabonde
sur des échasses articulées
un châtaignier donne naissance
à de jeunes hérissons verts
une baleine vocalise
dans sa baignoire rose et bleue
et chaque matin c'est pareil
les rêves s'éteignent avant de naître.

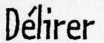

Murmurer

De fleur en fleur
les abeilles volent
pour donner de leurs nouvelles
aux prairies qui s'impatientent
aux sentiers qui s'enrhument
elles murmurent
à l'oreille des tournesols
quelque secret bien caché
que nul ne découvrira
avant l'hiver ou le printemps.